Solange meine Mitarbeiter nur so tun, als würden sie richtig arbeiten, solange tue ich nur so, als würde ich richtig führen.

Gerhard Etzel

Alter Wein und gesunder Menschenverstand

Glossen zur Mitarbeiterführung

Bibliografische Information der Deutschen National-bibliothek:

Die Deutsche Nationalbibliothek verzeichnet diese Publikation in der Deutschen Nationalbibliografie; detaillierte bibliografische Daten sind im Internet über http://dnb.dnb.de abrufbar.

© 2016 Gerhard Etzel

Herstellung und Verlag:
BoD – Books on Demand, Norderstedt

ISBN: 978-3-7412-8826-5

Inhaltsverzeichnis

Vorwort 7
Schwache Kraft, starke Wirkung 11
Entspanntes Leben. 15
Föhnfühlig. 19
Dreizehn Telefone bedienen. 23
Beleidigungen. 27
Die fehlende Fahrkarte. 31
Adrenalin. 35
Dekubitus. 39
Korruption. 43
Strich durch die Rechnung. 47
Mawa und Bwambale 51
Creechs Dilemma 55
Perfektion. 59
Erlkönig. 63
Nachwort 67

Vorwort

Man muss die meisten der zahlreichen Bücher über Mitarbeiterführung[1] nicht gelesen haben, um zu dem Schluss zu kommen, dass es in der Literatur zu diesem Thema schon seit einer gefühlten Ewigkeit nichts Neues gibt. Ein Blick in die Rezensionen der Bücher (z. B. bei Amazon) genügt.

Wenn Bücher über Führung gelobt werden, dann häufig deswegen, weil sich die Leser in ihrer eigenen Meinung bestätigt fühlen. Das heißt, sie haben nichts wirklich Neues entdeckt, denn genau das, was da geschrieben steht, wussten sie schon längst. Manches Buch wird auch gelobt, weil das Thema den Lesern besonders unterhaltsam oder besonders gut verständlich erklärt wird. Aber auch hier sind es eigentlich immer Bestätigungen altbekannte Sachverhalte.

Wenn Bücher über Führung kritisiert werden, dann sehr oft, weil »Alter Wein in

---

[1] Zum Stichwort Mitarbeiterführung liefert Amazon 15.120 Ergebnissen in der Kategorie Bücher (Stand Oktober 2016)

neuen Schläuchen« geboten wird. Besonders häufig begegnet man solchen Kritiken, wenn berühmte Führungs-Gurus ein neues Werk veröffentlichen. Oder es wird kritisiert, dass eine andere Person die gleiche Erkenntnis schon präsentiert habe, aber viel eingängiger und besser auf den Punkt gebracht.

Immer wieder wird auch der »gesunde Menschenverstand« bemüht. Entweder, weil ein vorgeblich neues, revolutionäres Führungsmodell diesem Verstand widerspricht, oder aber, weil nichts anderes beschrieben wird, als es der gesunde Menschenverstand ohnehin nahelegt, also auch hier wieder: Nichts wirklich Neues. Dabei bleibt in beiden Fällen der berühmte Spruch von Albert Einstein unberücksichtigt: »Der gesunde Menschenverstand ist eigentlich nur eine Anhäufung von Vorurteilen, die man bis zum 18. Lebensjahr erworben hat.«

Warum habe ich dann noch diese Büchlein über Führung geschrieben? Ich bekenne, dass ich ganz einfach Spaß habe am Geschichtenerzählen. Deswegen habe ich meine »Führungsphilosophie« (die natürlich auch nicht neu ist) in einige Szenen und Glossen verpackt. Meine Zielsetzung für diese Werk wird am besten mit dem Ausspruch von Maybritt Iller am Ende ihrer Gesprächsrunde im ZDF illustriert: »Ich wünsche Ihnen viel Vergnügen beim Vermehren der gewonnenen Einsichten«.

Noch eine Anmerkung zu meiner Führungsphilosophie: Sie gründet sich auf mein Studium der Psychologie, auf viele Jahre Erfahrung als aktive Führungskraft und auf meine langjährigen Tätigkeit als Führungskräftetrainer und Coach. Abgesehen von einigen einigermaßen gesicherten empirischen Befunden der Psychologie handelt es sich dabei um subjektive Erfahrungen. Ich kann also nicht behaupten, meine Führungsphilosophie sei die einzig richtige und alles andere sei falsch.

Einige der hier enthaltenen Glossen wurden 2012 in der damaligen Kolumnne »Gute Führung« auf dem Internetportal www.business-wissen.de veröffentlicht, die Glosse »Korruption« wurde unter dem Titel »Die Kunst des Motivierens« in der Zeitschrift Führung + Organisation, Heft 6/2012 abgedruckt. Ich habe alle Beiträge für diese Ausgabe überarbeitet. Einige sind neu und bisher unveröffentlicht.

Ich wünsche Ihnen beim Lesen den Spaß, den ich beim Schreiben hatte.

Gerhard Etzel

im Oktober 2016

Schwache Kraft, starke Wirkung

Es ist nun mal so: Die schwache Kraft hat starke Wirkungen. Sie sorgt dafür, dass Atomkerne auseinanderfallen. Sie ist beteiligt, wenn Radioaktivität entsteht. Sie ermöglicht es Teilchen, sich umzuwandeln: vom Neutron zum Proton, vom Elektron zum Elektron-Neutrino. Mit anderen Worten, sie sorgt in der Teilchenwelt ganz schön für Unruhe.

Auch die schwache Führungskraft hat starke Wirkungen, leider negative. Sorgt sie doch für Unruhe in der Mitarbeiterwelt. Sie bewirkt, dass Teams auseinanderfallen. Sie ist beteiligt, wenn Gerüchte entstehen. Sie verursacht, dass Mitarbeiter sich ändern: Aus Interessierten werden Gleichgültige, aus Motivierten werden Demotivierte, aus Leistungsträgern werden Leistungsverweigerer. Wir sollten also die schwache Führungskraft fürchten.

Wir brauchen die starke, die gute, besser noch: die perfekte Führungskraft. Das Bessere ist der Feind des Guten, und wer würde sich mit der zweitbesten Führungskraft zufriedengeben, wenn es eine bessere gäbe? Wenn etwa die zweitbeste schon die schwache Führungskraft wäre: siehe oben! Überhaupt: Wer könnte besser führen als die perfekte Führungskraft? Doch was macht die perfekte Führungskraft aus? Nach welchen Kriterien sollte man Führungskräfte beurteilen?

Das gibt es z. B. Handwerker, die besonders geschätzt werden, vor allem, wenn sie die Attribute »solide« oder »ehrlich« haben. Das klingt schon mal viel versprechend. Welche Führungskraft sollte nicht solide und ehrlich sein? Es passt auch gut, dass das Fundament eines Handwerkers seine Ausbildung ist. Eine umfassende Lehre, bestehend aus grundlegender Theorie und sehr viel Praxis. Andererseits: Ein Handwerker fertigt sein Produkt oder erbringt seine Dienstleistung häufig in Einzelarbeit. Wie sieht es da aus mit Kommunikation und Zusammenarbeit?

Und wenn der Handwerker nur auf Bestellung, auf Nachfrage oder gar nur nach Vorgaben aktiv wird: Wo bleibt da eigenständiges, verantwortliches Handeln? Wie steht es um die Kreativität? Wird die Führungskraft als Handwerker neue Wege gehen? Ungelöste Fragen.

Bevor wir uns voreilig festlegen, untersuchen wir lieber eine andere Art Führungskraft. Gibt es nicht die »geborene Führungskraft«, die »die Kunst der Führung« beherrscht? Ist die nicht ideal? Paul Cezanne, ein Künstler par Excellence, meinte, der Künstler sei ein »Aufnahmeorgan, ein Registrierapparat für Sinnesempfindungen, aber, weiß Gott, ein gutes, empfindliches, wenn auch kompliziertes, besonders im Vergleich zu den anderen Menschen«[2].

Registrierapparat für Sinnesempfindungen! - Das führt doch zu wahrscheinlich perfektem Verständnis für die Emotionen und Bedürfnisse anderer.

Empfindlich! - Das heißt sensibel und mitfühlend.

Kompliziert! - Das bedeutet nachdenkend, abwägend, nicht nach einfachen Strickmustern simpel agierend. All das ist doch optimal für die Führung von Mitarbeitern. Das ist es! Wir brauchen Künstler als Führungskräfte!

Nur, wo sind sie zu finden? Wer von den großen Führungsgurus wie Sprenger, Malik, Drucker weiß Rat? Keiner, leider. Lassen

---

[2] Dieses Zitat wird laut Recherche im Internet Paul Cezanne zugeschrieben. Eine genaue Quellenangabe ist nicht zu finden.

wir das. Und auch Paul Cezanne schränkte letztlich seine hohe Meinung vom Künstler wieder ein: »Aber wenn er dazwischenkommt (er meint den Künstler bzw. Führungskraft), wenn er es wagt, der Erbärmliche, sich willentlich einzumischen, dann bringt er nur seine Bedeutungslosigkeit hinein, das Werk wird minderwertig.« Minderwertige Ergebnisse, das wollen wir gewiss nicht! Was nun?

Nehmen wir doch von beiden etwas, vom Künstler und vom Handwerker. Ich meine: Gute Führung ist wie Kunsthandwerk.

Merkmale wie Wertschätzung, Empathie, Verständnis oder Einfühlungsvermögen sind Voraussetzungen für gute Mitarbeiterführung. Das alles ist aber schwer erlernbar, ist mehr eine Frage der Werte und Einstellungen einer Führungskraft. Darauf sollte dann eine solide handwerkliche Ausbildung mit Training, Coaching und learning by doing aufbauen. Das Ergebnis ist dann eine Führungskraft als Kunsthandwerker. Sie führt die Mitarbeiter einfühlsam, eigenständig und mit handwerklich soliden Führungstechniken.

Entspanntes Leben.

Wer hätte sich noch nicht in den Traum eines entspannten, sorgenfreien und sicheren Lebens verloren, wie der berühmte Ilja Iljitsch Oblomow[3]?

Mein Traum als Führungskraft hat folgenden Inhalt: Wäre es nicht toll, wenn die Dinge um einen herum funktionierten, weil alles geregelt ist und ohne unser Zutun abläuft? Wenn Mitarbeiter ihren Verpflichtungen nachkämen, ohne dass man ihnen permanent auf die Füße treten muss? Wenn Führungskräfte wirklich führen würden? Wäre es nicht traumhaft, keine Verantwortung dafür zu haben, dass wichtige Informationen bei dem Adressaten ankommen und dass der sie auch versteht? Schließlich sollten die, die etwas zu sagen haben, uns doch kennen und ihre Anliegen optimal auf uns abgestimmt präsentieren. Ein herrlicher Gedanke. Mittelpunkt des Alltags wäre dann: Entspannt vor sich hin Dösen und das darauf

---

[3] Oblomow ist ein 1859 erschienener Roman von Iwan Gontscharow (1812–1891)

folgende hinein Gleiten in wohltuenden, erquickenden Schlaf.

»Aktiv sein! Initiative! Verantwortung!« reisst mich da mein schlechtes Gewissen aus dem Traum, und eine vage Erinnerung keimt auf: »Aktiv sein«, was war das noch gleich? Beginnt das nicht schon beim Zuhören? Oder doch nicht? Nein, Zuhören, das ist für mich vor allem: Sich entspannt hingeben an wunderschöne Musik, von Beethoven, den Rolling Stones, oder meinetwegen von Seeed. Auch das gespannte Lauschen bei einem interessanten Hörspiel, z. B. beim Radio-Tatort. Was daran ist aktiv? Vielleicht, dass meine Gedanken zu wandern beginnen? Fantastische Bilder entstehen im Kopf, berauschende Gefühle kommen auf.

Aber nein, nun wird es mir wieder klar. Aktiv Zuhören, das meint: Verstehen wollen, was der andere sagt, mitdenken. Das sei notwendig, wurde ich aufgeklärt, denn die Sender präsentierten ihre Anliegen in der Regel eben nicht optimal auf uns abgestimmt. Wir als Informationsempfänger hätten Mitverantwortung für das Gelingen der Kommunikation. Puh, das klingt anstrengend.

Ich soll dem Anderen Signale geben, dass ich zuhöre und an seinem Thema interessiert bin, ich soll Blickkontakt halten.

Weiß er etwa nicht, dass ich interessiert bin? Anscheinend nicht. Fragen stellen soll ich und Interpretationsspielräume abklären. Warum zum Teufel drückt er sich nicht von Anfang an klar, unmissverständlich, eindeutig aus? Die Sprache, so sagt man mir, sei nun mal so, Eindeutigkeit sei eine Illusion. Ich will aber keine sinnlosen, inhaltsleeren Fragen stellen, und die möglichen Interpretationsspielräume muss ich erst mal registrieren, bevor ich sie abklären kann. Also volle Konzentration, verstehen wollen, mitdenken. Es wäre schlecht, wenn ich mich beim Zuhören meinen eigenen Gedanken und Ideen hingäbe.

Außerdem, so sagt mir meine Erinnerung, braucht der Sender von mir ein Feedback, das ihm signalisiert, dass ich ihn richtig verstanden habe. Meine erste Reaktion auf diese Anforderung: Dann sag ich doch einfach »alles klar«. Aber schon zweifle ich: Was ist, wenn ich mich täusche und ich die Botschaft falsch verstanden habe? Dann gehen wir beide auseinander in dem Irrglauben, dass alles gesagt und verstanden sei. Da ist es wahrscheinlich doch besser, das Gehörte mit eigenen Worten zusammenzufassen und dem Sender so eine Chance zu geben, mein »Falsch-Verstehen« zu korrigieren.

Ich habe meine Lektion gelernt: Zuhören, das ist nichts als Arbeit, Arbeit, Arbeit. Ach, das entspannte, verantwortungsfreie vor sich hin Dösen des Ilja Iljitsch Oblomow, es bleibt ein eitler Wahn!

Föhnfühlig.

An manchen Tagen, wenn ich morgens auf dem Weg zur Arbeit bin, weiß ich instinktiv: Das wird heute nichts. Auf der Garmischer Autobahn Richtung München Stoßstange an Stoßstange. Ein Mensch mit eingebauter Freude am Fahren drängelt lichthupend von hinten. Auf der Nebenspur glotzt einer dämlich zu mir herüber und zeigt den Stinkefinger. Im Rückspiegel sieht man die Alpen strahlend klar und deutlich. Föhn!

Bei dieser Wetterlage graut mir besonders vor der morgendlichen Besprechung bei meinem Chef, denn der ist föhnfühlig. Was das bei einer Person bedeutet, die schon bei besten Wetterbedingungen grundsätzlich nörglerisch und schlecht gelaunt ist, kann man sich vorstellen. Und heute droht die Durchsprache des letzte Woche fertiggestellten Projekts. Nicht, dass ich da etwas zu befürchten hätte, im Gegenteil, alles ist bestens gelaufen: Top Quality, in Time, in Budget. Aber mein Chef ist einer von der Sorte

»Nicht geschimpft ist genug gelobt«, und zu bekritteln findet er immer etwas.

Die Sekretärin schaut schon so mitleidig und meint, ich könne gleich reingehen, er habe schon nach mir gefragt. Gut, ich hätte ihn Freitagmittag vom erfolgreichen Abschluss informieren können. Aber er war auf einem Führungsseminar, da wollte ich nicht anrufen. Wahrscheinlich hätte er sich eh verleugnen lassen.

Wenn Ihr Chef schon mal auf einem Führungsseminar war, dann wissen Sie wovon ich rede. Manche kommen zurück, den Kopf voller Flausen und neuer Ideen, die sie ausprobieren und umsetzen wollen. Der Spuk legt sich meistens innerhalb von vierzehn Tagen. Andere, und zu dieser Sorte gehört mein Chef, kommen noch nörglerischer und schlechter gelaunt zurück, als sie hingegangen sind, weil man ihnen gezeigt hat, was sie alles falsch machen, und sie aber unfähig oder zu bequem sind, etwas zu verändern.

Innerlich gewappnet, gewillt, jegliche Kritik an mir abperlen zu lassen, betrete ich das Allerheiligste. Überraschung! Er hat sich nicht wie üblich hinter seinem Schreibtisch verschanzt, sondern sitzt gemütlich mit übergeschlagenen Beinen auf einem Sessel in der Sitzgruppe am Fenster. Dann: Überraschung die Zweite! Wie es mir gehe? Wie ich das Wochenende verbracht habe? Zum letzte Woche abgeschlossenen Projekt habe er schon vom Auftraggeber gehört, dass alles perfekt und zu seiner höchsten Zufriedenheit gelaufen sei, vollste Anerkennung. Und er geht noch weiter mit den Überraschungen: Überhaupt, er sehe für mich sehr gute Entwicklungschancen, darüber müssten wir in nächster Zeit einmal ausführlich reden. Bisher sei er mit derartigen Gesprächen wohl zu zurückhaltend gewesen, das werde sich nun ändern. Und dann schwärmte er von dem Trainerteam, das ihm letzte Woche gehörig den Kopf gewaschen habe.

Was ist da passiert? Hat man ihn nun auch mit Flausen und neuen Ideen geimpft? Wie nachhaltig ist das? Doch halt, ich will nicht nörglerischer sein, als mein Chef bisher war, jeder kann sich ändern, jeder hat eine Chance verdient, auch er. Und wenn ich ganz ehrlich sein soll: Diese Anerkennung tut echt gut.

Dreizehn Telefone bedienen.

Ich erinnere mich noch gut daran, wie Heinrich Böll von seiner Zeit in Alfred Wunsiedels Fabrik erzählte, als er dort angestellt war[4]. Er war anfangs nur mäßig gefordert, denn er musste nur neun Telefone bedienen. Innerhalb der ersten Woche steigerte er jedoch die Zahl der bedienten Telefone auf elf, innerhalb der zweiten Woche auf dreizehn.

Über die Telefone delegierte er die Aufgaben, die er von seinem Chef erhalten hatte, an andere weiter. Dabei sagte der Chef immer »Es muss etwas geschehen«. Deshalb rief auch Böll in die Sprechkapsel: »Es muss etwas geschehen«, gelegentlich ergänzt durch »Handeln Sie sofort!« oder »Tun Sie etwas!« Die Empfänger quittierten den Auftrag mit einem entschiedenen »Es wird etwas geschehen!« Ob Böll bei dieser knackig

---

[4] Die Satire »Es wird etwas geschehen« stammt aus dem Buch »Doktor Murkes gesammeltes Schweigen« von Heinrich Böll.

kurzen Variante von Aufgabendelegation jemals Zweifel bezüglich ihrer Wirksamkeit kamen? Wir wissen es nicht wirklich, aber vermuten können wir es, denn nach kurzer Zeit wurde einer seiner Lieblingssätze: »Es hätte etwas geschehen müssen«. Ein anderer Lieblingssatz lautete »Das hätte nicht geschehen dürfen«. Wir können also annehmen, dass er mit dem Ergebnis seiner Handlungsanweisungen nicht zufrieden war, denn entweder geschah nichts, oder es geschah das Falsche.

Woran mag das gelegen haben?

Analysieren wir mal ganz systematisch: Böll hat mit »Es muss etwas geschehen« möglicherweise an etwas ganz Konkretes gedacht, was da geschehen sollte. Aber er hat das Konkrete nicht ausgesprochen! Und selbst wenn er es gesagt hätte: Haben die Leute an den anderen Enden der bis zu dreizehn Telefonleitungen überhaupt zugehört? Ich bezweifle es, denn wie sonst hätten sie so formelhaft geantwortet: »Es wird etwas geschehen«. Sie hätten doch gemerkt, dass das, was er sagte, keinen Sinn machte. Auch nicht mit der zusätzlichen Anweisung »handeln Sie sofort«.

Doch nehmen wir einfach einmal an, in Alfred Wunsiedels Fabrik hätten am Ende der Telefonleitungen tatsächlich Menschen zugehört. War für die Zuhörer das »Es muss etwas geschehen« selbsterklärend? War das »Etwas« beschrieben, oder das dazugehörige »Warum« oder das »Wie«? Mitnichten. Und weiter: Wer garantiert, dass die Zuhörer mit dem »Es muss etwas geschehen« einverstanden waren und nicht insgeheim dachten »Nicht mit mir, ganz bestimmt wird nichts geschehen«?

Es ist jedenfalls eine Tatsache, dass nichts geschah, oder das Falsche. So kam es dann fast zwangsläufig, dass Alfred Wunsiedel starb, ohne dass etwas geschehen war. Man kann ziemlich sicher annehmen, dass bei jedem Knotenpunkt auf dem Weg vom »Es muss etwas geschehen« über das »Es wird etwas geschehen« hin zum »Es hätte etwas geschehen müssen« und zum »Das hätte nicht geschehen dürfen« ein Fehler lag. Interessant war außerdem, dass Böll am Ende nicht einmal wusste, was in Wunsiedels Fabrik wirklich hätte geschehen sollen. Er konnte nur vermuten, dass Seife produziert werden sollte.

Beleidigungen.

Es soll ja Leute geben, die unheimlich souverän mit Beleidigungen umgehen können. Nur zur Erinnerung: Eine Beleidigung ist definiert als eine Aussage oder ein Verhalten, wodurch das Selbstwertgefühl bzw. die Würde einer Person angegriffen und herabgewürdigt wird. Gerade neulich hat sich mein Chef in einer gemeinsamen Besprechung mit einem Kunden mir gegenüber wieder so etwas geleistet. Er hat wörtlich – vor dem Kunden – zu mir gesagt: »Mensch, Sie sind vielleicht eine Pfeife.« Und das nur, weil ich dem Kunden aus Versehen einen zu hohen Preis genannt hatte. Am liebsten hätte ich zurückgeschossen, mit einem Zitat frei nach Joschka Fischer: »Mit Verlaub, Herr …, Sie sind ein Arschloch.« Aber natürlich habe ich mich nicht getraut.

Ein Psychologe hat mir unlängst in einem Training nahegelegt, auf derartige Anwürfe mit »Ich empfinde Ihre Aussage wirklich als verletzend« zu reagieren, oder mit »Es macht mich traurig, dass Sie so etwas sagen«. Aber das würde mir doch zu weinerlich klingen. Deshalb habe ich einfach gar nichts dazu gesagt. Wahrscheinlich war das in der Situation ja auch richtig. Aber ich frage Sie: Kann ich ihm das einfach so durchgehen lassen? Meiner Meinung nach nicht. Er soll wissen, dass er mich maßlos geärgert hat, dass ich stinksauer war. Nur, was sollte ich zu ihm sagen? Und wie sollte ich es sagen, so dass es ankommt und er es sich zu Herzen nimmt?

Eins ist mir klar: Ich sollte das Thema sicher nur dann ansprechen, wenn wir allein sind. Ich erinnere mich noch gut, wie der Kunde gegrinst hat, als mein Chef das mit der Pfeife sagte. Das hat mich noch zusätzlich ganz gewaltig geärgert. Das sollte ich bei ihm vermeiden, denn wenn mein Chef vor Zeugen angegangen wird, dann schlägt er gleich zurück.

Wahrscheinlich ist es auch nicht sonderlich effektiv, ihn auf der persönlichen Ebene anzugehen, ihn möglicherweise zu beleidigen. Ich sollte also sachlich argumentieren. Am besten zitiere ich wörtlich, was konkret vorgefallen ist. Er hat mich ›Pfeife‹ genannt. Und er sollte auch wissen, dass mich das tierisch geärgert hat. Natürlich akzeptiere ich, dass er mich kritisiert. Aber wenn er schon mal was zu meckern hat, dann sollte er mir das unter vier Augen sagen. Er sollte mir konkret sagen, was ihm missfällt, z. B.

dass ich dem Kunden einen alten, zu hohen Preis genannt habe. Dann kann ich auch nachvollziehen und verstehen, dass er sich darüber geärgert hat.

Das ist es doch. Genau so werde ich es ihm sagen: unter vier Augen; sachlich, mit Zitaten; wie das auf mich gewirkt hat; und was ich mir für die Zukunft wünsche. Mal sehen, was er dazu sagt. Eigentlich kann er nur konstruktiv reagieren.

Die fehlende Fahrkarte.

Gelegentlich fahre ich ja ganz gern mit der Bahn. Man sitzt entspannt auf seinem Sitz, kein Verkehrsstau, keine riskanten Überholmanöver, keine Drängler von hinten. Man kann sich mit netten Leuten unterhalten, oder, wenn man seine Ruhe haben will, ein Buch lesen, Musik hören oder einfach nur dösen. Oder man kann - zum Beispiel in den viereinhalb bis fünf Stunden auf der Strecke zwischen München und Hannover - den ersten Entwurf für diese Glosse in sein Notebook tippen.

Bei meiner letzten Fahrt wurde ich bei meiner Beschäftigung durch ein interessantes Erlebnis unterbrochen. Als der Ruf »die Fahrkarten bitte« erscholl, begann der ältere Herr mir gegenüber, in seinen Taschen zu suchen. Er wurde immer nervöser, und als die Kontrolleurin vor uns stand, war er völlig in Panik. »Ich finde meine Fahrkarte nicht«, stammelte er hilflos. Die Kontrolleurin reagierte zunächst verständnisvoll und sagte beruhigend, er solle doch noch einmal in allen Taschen gründlich suchen. Allein es half nichts, die Fahrkarte blieb verschwunden. Schon etwas weniger geduldig brummte die Kontrolleurin, dass der Herr nun ein Bordticket nachlösen müsse. »Das ist ja gar nicht das Problem«, meinte der ältere Herr verzweifelt. »Aber ohne meine Fahrkarte weiß ich doch gar nicht, wohin ich fahre.«

Was lernen wir daraus? – Ohne Ziel hat alles keinen Sinn. Aber wie ist es dann mit dem Spruch »Der Weg ist das Ziel«? Man hätte doch dem alten Herrn nahelegen können, er solle sich einfach eine Karte nach Irgendwo kaufen, sich dann zurücklehnen und die Fahrt genießen – siehe oben: Sich mit netten Leuten unterhalten, oder ein Buch lesen, Musik hören oder einfach nur dösen. Warum funktioniert das nicht?

Die Antwort bietet uns eine interessante Untersuchung zum Thema »Motivieren mit Zielen«[5]: Um sich (oder andere) für eine Tätigkeit zu motivieren, soll man sich zunächst auf das Ziel konzentrieren. Ist das Ziel dann klar und bewusst, und hat man dann mit der Tätigkeit begonnen, soll man das, was dabei Spaß macht, im Fokus haben – also beim Bahnfahren sich lieber unterhalten oder lesen als dauernd daran zu denken,

---

[5] Fishbach, A., & Choi, J. (2012). When thinking about goals undermines goal pursuit. *Organizational Behavior and Human Decision Processes, 118*, 99–107

wo und wann und warum man aussteigen muss. Wer allerdings beim Besteigen der Bahn mit Grausen an die aufdringlichen, schwatzhaften Mitreisenden denkt, an die Überfüllung und die schlechte Luft, gar nicht zu reden von den drohenden Verspätungen, der stellt sich während der Fahrt besser vor, wie schön es sein wird, am Ziel liebe Freunde zu treffen und einen angenehmen Aufenthalt zu haben.

Adrenalin.

Manche Arbeitstage sind ja recht erfreulich: Man wird zum Chef gerufen, und statt der befürchteten Kritik erntet man Anerkennung für das gerade erfolgreich abgeschlossene Projekt. Oder die Tür geht auf, eine neue, attraktiv und sympathisch wirkende Kollegin kommt herein und lächelt einen an. Derlei Situationen vor allem machen den Alltag im Unternehmen erträglich. Aber es gibt auch Schlimmes, und zum Schlimmsten gehört die Besprechung. Hier bin ich als Mitarbeiter fremdbestimmt, hilflos eingezwängt zwischen meinen Interessen, den Machenschaften der anderen und der vorgegebenen Tagesordnung. Und gegenüber sitzt der Kollege, von dem ich weiß, dass er auch nach einem zehnminütigen Monolog immer noch nicht zum Punkt gekommen sein wird. Neben mir sitzt mein Erzfeind aus einer Nachbarabteilung, der zu dumm ist, unsere Geschäftsstrategie zu verstehen. Auch heute wird er sicher wieder monoton seinen von mir schon mehrfach abgelehnten Vorschlag in den Raum stellen, meinen Verantwortungsbereich in den seinen zu integrieren. Nicht, dass ich von meinem Aufgabenbereich so richtig begeistert wäre, auch ist die Idee an sich ja so falsch nicht, aber da könnte ja jeder kommen. Und was wäre danach? Nichts da, das geht nicht. Die anderen Besprechungsteilnehmer, sonst eigentlich ganz vernünftige Kollegen und Kolleginnen, halten sich bedeckt und versuchen heimlich, die E-Mails auf ihren Notebooks oder Smartphones zu lesen und zu beantworten. Nur nicht auffallen und die Aufmerksamkeit des Chefchefs erregen, man könnte ja nach seiner Meinung gefragt werden und müsste Position beziehen. Mancher lässt sich von der Teamassistentin mit einem fingierten dringenden Kundenanruf aus dem Besprechungsraum befreien.

So sind nun mal Besprechungen. Eigentlich sollte man nicht hingehen, oder nur eine Besprechung für sich alleine einberufen. Manche Menschen sind auch so begabt fürs Reden, dass sie eine Besprechung allein mit ihren eigenen Beiträgen gestalten können. Aber unsereiner erlebt nur Konflikte. Das beginnt schon vorher. Schon am Morgen, wenn ich nur an die bevorstehende Besprechung und meinen oben erwähnten Erzfeind denke, steigt mein Adrenalinpegel, der Puls beginnt zu rasen, Schweiß bricht aus. Ich bin emotional auf 200 Prozent. Wie komme ich da runter? Cool Down ist leichter gesagt als getan. Worum geht es, was ist das Thema? Und muss ich mich wirklich so hinein steigern? Warum eigentlich? Noch hat mein Erzfeind ja den Mund noch nicht aufgemacht. Also: ruhig Blut! Was sagt er da gerade? In der Nachbarabteilung würde ein Abteilungsleiterposten frei, ob mich das nicht interessiere? Blödmann, natürlich interessiert mich das, brennend sogar. Der will mir wohl eine Falle stellen. So leicht lasse ich mich nicht reinlegen. Worum es ihm wohl wirklich geht? Sicher will er einfach mehr Macht, will mich ausbooten.

Übrigens, so fährt er fort, hätte das den Vorteil, dass wir dann strategisch für unser Geschäft besser aufgestellt seien, wenn unsere beiden bisherigen Bereiche vereinigt würden: One face to the customer. So ein Affe, das wusste ich doch schon längst. Sollte das wirklich sein vorherrschendes Interesse gewesen sein? Mal sehen. Ich mache einen Vorschlag, wie wir beide Ideen umsetzen könnten. Er bringt eine Variante. Nach kurzer Zeit haben wir ein Konzept, der Chef nickt, der Chefchef nickt. Ende der Besprechung. So schlimm sind Besprechungen ja gar nicht, wenn wir nur die Konflikte vernünftig bearbeiten. Ich freue mich schon auf die Nächste.

Dekubitus.

Wir haben es geahnt: Ursache für die Entstehung eines Dekubitus ist länger anhaltender Druck, ohne dass eine Entlastung stattfindet. Man muss auch wissen: Der Dekubitus oder das Wundliegen bedeutet für den Betroffenen eine starke Beeinträchtigung, deshalb braucht er besondere Pflege, vor allem aber Entlastung. Was also tun mit einem Menschen, der einen besonderen Risikofaktor für das Wundliegen aufweist, nämlich eingeschränkte Bewegungsfähigkeit?

Mehmet Scholl, älteren Fußballfans als Fachmann für dieses Krankheitsbild bekannt, versuchte sich vor langer Zeit in der Therapie des Fußballstars Mario Gomez. Bei dem erkannte Scholl offensichtlich eben diesen Risikofaktor und die große Gefahr, sich auf dem Spielfeld wund zu liegen. Aber riet ihm der Spezialist etwa zur Scholl Repair Creme, um seine Beweglichkeit zu verbessern? Oder zu Scholls orthopädischen Einlagen mit Orthaheel Technologie, mit denen er leichtfüßig hätte Tore schießen können? Nichts dergleichen. Mehmet Scholl verstärkte stattdessen die Belastung, machte weiter Druck, indem er die eingeschränkte Beweglichkeit des Patienten heftig und öffentlich kritisierte. Gedacht war das als konstruktive Kritik, mit dem Ziel, den Erkrankten zu heilen. Doch vergebens, denn konstruktiv geht anders.

Viele tun sich schwer damit, und mancher lernt nie, was konstruktive Kritik ist. Auch Uli Hoeneß ist so ein Fall. Auch der wollte damals Gomez konstruktiv kritisieren. Gomez sei zwar gut, aber nicht sehr gut, tönte der Wurstfabrikant und damalige Präsident des FC Bayern München öffentlich. Und legte nach: »Wenn er sehr gut wäre, wären wir jetzt Champions-League-Sieger«.

Dann erklärte Hoeneß, dass zum Leben auch konstruktive Kritik gehöre. Richtig!

Wer damit nicht umgehen könne, habe ein Problem. Quatsch!

Umgekehrt wird ein Schuh daraus: Wenn der Kritisierte mit der Kritik nicht umgehen kann, dann war sehr wahrscheinlich die Kritik nicht konstruktiv, und der Kritiker hat ein Problem. Was hat Hoeneß bewirkt? Bei Gomez vielleicht folgenden Gedankengang: »Der Blödmann sollte sich besser an der eigenen Nase zupfen. Wäre er im Endspiel zur Europameisterschaft 1976 sehr gut gewesen, dann hätte er den Elfmeter nicht verschossen. So wären wir damals Europameister geworden«.

Daraus folgt: Kritik muss ganz anders aufgezogen werden, um konstruktiv zu sein. Zum Beispiel so:

Es war einmal ein Unternehmen, das seine Leistungen für ein breites Publikum sichtbar erbrachte. Die Öffentlichkeit konnte sich ein recht gutes Bild vom Beitrag der wichtigsten Mitarbeiter machen. Nun begab es sich eines Tages, dass eine Führungskraft und der Vorstandsvorsitzende über die öffentlich demonstrierte Leistung eines Top-Gehaltsempfängers höchst entsetzt waren. Sie bestellten den Betroffenen zum Rapport, erklärten ihm ihre Unzufriedenheit im engsten Kreis, damit er nicht öffentlich herabgewürdigt werde, und demonstrierten die Details ihrer Kritik anhand konkreter Fakten. Sie hörten sich in Ruhe und gemessen seine Erklärungen und Kommentare an, reagierten auf einiges mit Verständnis, anderes lehnten sie mit guten Begründungen rundweg ab. Am Ende formulierten sie ihre Erwartung an den Mitarbeiter und stellten die Frage, was er zu tun gedenke, um dieser Erwartung entsprechen zu können. Der Mitarbeiter sah, dass die Kritik berechtigt war, dass es tatsächlich darum ging, wie er noch besser werden könne, und schlug Maßnahmen vor, die ihn zu einer Leistungsverbesserung führen könnten. Alle waren zufrieden, denn er setzte diese Maßnahmen auch um.

Sie, liebe Leser, haben es gemerkt: Leider ist die Geschichte nur ein Märchen.

Korruption.

Es ist schon merkwürdig, dass die Kunst der Motivierung in unserer Zeit anscheinend keinen Stellenwert mehr hat. Gab es doch bis in die Achtzigerjahre des vorigen Jahrhunderts - in der Zeit vor Reinhard K. Sprenger - Unternehmen, in denen Führungskräfte ihre Aufgabe versahen, die in dieser Kunst bewandert waren und sie auch ausübten. Die gingen tagein tagaus durch Büros und Fertigungshallen, begrüßten freundlich die Mitarbeiter, erkundigten sich nach ihrem Wohlergehen und dem der Familie, klopften einigen anerkennend auf die Schultern und drückten anderen gar einen 50 DM Schein in die Hand, weil sie mit ihrer Leistung zufrieden waren: Das waren halt noch Motivationskünstler.

Doch dann geschah es, dass Reinhard K. Sprenger seinem Arbeitgeber kündigte, vielleicht aus Enttäuschung darüber, weil dieser ihn falsch motivierte, vielleicht auch, weil er sich selbst verwirklichen wollte. Und er schuf sein berühmtes Werk vom Mythos der

Motivation. Seither ist der Glaubenskrieg um die rechte Motivation voll entbrannt.

Da gibt es auf der einen Seite die rechtgläubigen Sprenger-Jünger. Deren Credo gipfelt in dem Satz »Alles Motivieren zerstört die Motivation«, oft auch mit dem Schlagwort »Korrumpierung der Motivation« bezeichnet. Folglich verzichten sie auf Anerkennung, Belobigung und vor allem auf Belohnung, Boni und andere sogenannte Anzünder. Sie verlangen vom gemeinen Werktätigen, dass er aus sich selbst heraus motiviert sein solle oder einfach nur Spaß an der Sache empfinden müsse. Und als Führungskraft müsse man nur das vermeiden, was die vorhandene Motivation behindere. Wer als Führungskraft gar in den Prozess der Selbstmotivierung eingreife und glaube, etwas dafür tun zu müssen, der sei ein Ketzer und Abtrünniger und werde sicher die bitteren Früchte seines Unglaubens in Form von Demotivation der so Misshandelten ernten. Die Konsequenz: Rechtgläubige Führungskräfte tun gar nichts.

Doch trotz aller, auch medial und publizistisch unterstützter Kreuzzüge gegen die Motivierung: Es gibt sie anscheinend noch, die alten Motivationskünstler. Voll Freude vernahm ich die Kunde von einem Herrn mit dem klingenden Namen Florentino Perez. Herr P. hat einen Angestellten, der für seine

Alltagsarbeit fortwährend anerkannt und belobigt wird, und der eine ganz nette Belohnung bezieht, ziemlich viele Millionen Euro im Jahr. Das tut seiner Motivation offensichtlich keinen Abbruch, im Gegenteil: Der Angestellte Christiano Ronaldo hat viel Spaß und schoss in mittlerweile 239 Spielen für seinen Arbeitgeber 261 Tore. »Halt!«, melden sich jetzt sicher einige Anhänger des rechten Glaubens. Hatte nicht jener Christiano R. geklagt, er sei traurig und werde zu wenig wertgeschätzt? Verfällt sein Chef, Señor Florentino Perez, nicht immer wieder diesem Irrglauben von der Motivationskraft des Geldes, wenn er ihm nach solchen Klagen zur Motivierung eine Gehaltssteigerung von «-zig« Prozent anbietet? Wo führt das hin? Zugegeben, das kann irgendwann vom jetzigen XXXXL-Gehalt zu einer Gehaltssumme mit einer schier unendlichen Anzahl von X führen. Aber zur Demotivation? Wird er den Spaß am Fußballspielen verlieren? Wird er weniger Tore schießen? Sehr unwahrscheinlich, wieso sollte er auch. Und sein Chef, der Motivationskünstler, reagiert, und will ihm seine Wertschätzung auch durch stärkere persönliche Zuwendung und Unterstützung vermitteln.

Im Übrigen muss auch noch gesagt werden, dass der Fall Perez - Ronaldo zwar ein prominentes, aber keineswegs das einzige

Beispiel für das Fähnlein der aufrechten Motivationskünstler ist. In den vielen Internet-Portalen, auf denen Top-Arbeitgeber präsentiert werden, finden sich immer noch zahlreiche Unternehmen, die sich nicht in die Sekte der »Motivieren zerstört Motivation« - Gläubigen einreihen, sondern noch ganz nach alter Schule motivieren: mit guter Bezahlung, Karrierechancen, Unterstützung bei Weiterbildung und persönlicher Entwicklung, und Wertschätzung. Und das Schöne daran: Die Unternehmen werden von Mitarbeitern gesucht, gefunden und ebenfalls wertgeschätzt.

Strich durch die Rechnung.

Angeblich hat Johann Nepomuk Nestroy einmal von sich behauptet, er rechne nie, denn dann könne das Schicksal ihm auch nie einen Strich durch die Rechnung machen. Wir müssen uns ernsthaft fragen, was passiert wäre, wäre dieser Satz schon rund 380 Jahre früher gesagt worden und Christoph Kolumbus zu Ohren gekommen. Kolumbus nämlich hat gerechnet, und zwar falsch. Er berechnete einen Abstand von höchstens 4.500 km zwischen den Kanarischen Inseln und Asien. In Wirklichkeit sind es aber rund 20.000 km. Hätte Kolumbus die Entfernung richtig berechnet, hätte er möglicherweise die Fahrt unterlassen. So verdanken wir diesem eigentlich gescheiterten Projekt die (Wieder-)Entdeckung Amerikas.

Kolumbus Fehlplanung ist ein früher Beleg für eine im modernen Projektmanagement oft kolportierte Behauptung: Planen heißt, den Zufall durch den Irrtum zu ersetzen. Ob wir aber das Resultat von Kolumbus Projekt, nämlich die Entdeckung Amerikas, dem Zufall zuschreiben oder eher dem Irrtum, ist angesichts der weiteren Entwicklung in Amerika unerheblich. Die Konsequenzen waren in Summe negativ, zumindest für die Ureinwohner des Kontinents.

Wenn wir prominente Beispiele für »Projektmanagement« aus der jüngeren Vergangenheit betrachten, müssen wir konstatieren, dass das - eigentlich gar nicht vorhandene - Projektmanagement von Kolumbus anscheinend auch heute noch Vorbild vieler Projektmanager ist: Toll-Collect, Transrapid, Elbphilharmonie, Stuttgart 21, Berliner Flughafen. Die Mängel sind offensichtlich.

Kolumbus hatte ein ziemlich »unscharfes« Ziel. Er wollte auf dem westlichen Seeweg von Europa nach Ostasien zu gelangen und dabei Gold und Gewürze zu finden. Die Unschärfe ist aber angesichts der damaligen Zeit verständlich und entschuldbar. Welche Projektziele haben heutige, oft sogar zertifizierte Projektleiter? Sind die Ziele bezüglich Inhalt, Terminen und Kosten immer klar und präzise definiert? Wir können das mit Recht bezweifeln.

Kolumbus hatte eine sehr oberflächliche Planung, was ebenfalls angesichts des damals verfügbaren Wissens nachvollziehbar ist. So plante er z. B. für die Strecke ab Gomera einen Zeitbedarf von 21 Tagen.

Diese Zeitschätzung war ein Folgefehler der falschen Entfernungsberechnung. Aber immerhin, Kolumbus betrieb ein minimales Risikomanagement, wenn er auch den Begriff wahrscheinlich gar nicht kannte, denn er plante Proviant für 28 Tage ein. In der heutigen Zeit ist die Wissensbasis für die Projektplanung in den meisten Fällen zumindest soweit ausreichend, dass extreme Termin- und Kostenüberschreitungen eigentlich vermieden werden könnten. Wenn in heutigen Projekten tatsächlich gerechnet werden sollte, dann wird wohl fast immer falsch gerechnet, wie bei Kolumbus. Ob aus Dummheit, politischen Gründen oder einer Kombination von beiden, bleibt offen. Und Risikomanagement ist offensichtlich immer noch ein Fremdwort.

Ein weiteres Problem, sowohl bei Kolumbus, als auch heutzutage: Die Motivation der Projektmitarbeiter. Wie gehen die mit der aus der Kontrolle geratenen Planung um, wie verarbeiten sie die permanenten Misserfolge? Bei Kolumbus wissen wir, dass er haarscharf an einer Meuterei vorbeischlitterte. Erst als das vermeintliche Ziel erreicht war, herrschte wieder einigermaßen Ruhe. Kolumbus Vorteil war, dass die Mitarbeiter, auch die qualifiziertesten, nicht einfach kündigen konnten.

Fazit: Wer den Zufall nicht durch den Irrtum ersetzen will, der braucht klare Ziele, fundiertes Wissen, realistische Planungen, angemessene Risikobetrachtung und motivierte Mitarbeiter. Einfach nicht rechnen, um Rechenfehler zu vermeiden, wie von Nestroy vorgeschlagen, das ist keine Lösung.

Mawa und Bwambale.

Sind Tiere manchmal die besseren Menschen, wenn es um die Zusammenarbeit im Team geht? Nicht alle, aber einige. Man kann jedenfalls zu dieser Schlussfolgerung kommen, wenn man die Geschichte von Mawa und Bwambale hört[6]. Da nur wenige über die beiden Bescheid wissen, will ich hier kurz über ihr Schicksal berichten.

Zu Beginn war Mawa unter seinesgleichen wohlgelitten. Man kann sagen, er war durchaus als Führungspersönlichkeit akzeptiert, doch der Niedergang war vorprogrammiert. Kritiker merken an, sein Problem sei wohl sein übertriebenes Dominanzgehabe in Verbindung mit fehlendem Durchblick gewesen. Das zeigte sich darin, dass er immer wieder »vergaß«, seine Kollegen einzubinden, wenn es darum ging, ein positives Ergebnis für die Gemeinschaft zu erarbeiten. Er handelte ohne Abstimmung, vorschnell und eigenmächtig. Er wollte den Erfolg vor allem für sich allein.

---

[6] Alicia Melis: (Science, 3. März 2006)

Die für ihn traurige Folge: Da er keinen Beitrag mehr zum Erfolg des Teams leistete, diesen im Gegenteil immer mehr gefährdete, zogen ihn seine Teammitglieder immer weniger zu gemeinsamen Aufgaben heran, man kann sogar sagen, sie schnitten ihn. Er war am Ende isoliert.

Ganz anders dagegen sein Kollege Bwambale. Zu Beginn der Teamarbeit war Bwambale nicht übermäßig als Partner gefragt. Doch er orientierte sich am gemeinsamen Ziel und agierte nicht eigenmächtig. Er wartete in der Regel auf seine Partner und bezog sie in sein Handeln ein. Sobald die Kollegen gemerkt hatten, wie gut sich Bwambale einfügte und was für ein hoffnungsloser Fall Mawa war, entschieden sie sich für Bwambale als Partner und Führer.

Übrigens: Mawa und Bwambale waren Teammitglieder in einer Horde von Schimpansen. Doch wenden wir uns nun den Menschen zu und versuchen die Frage zu beantworten: Wer ist nun wirklich der bessere Mensch? Manche sind der Meinung, das sei die Führungskraft. Sie gehe mit gutem Beispiel voran und treffe schnelle und richtige Entscheidungen. Vor allem aber verstehe sie es, ein gutes Team um sich herum zu formen und selbstlos zum Erfolg zu führen.

Die Biographen mancher berühmter Führungskraft überschlagen sich vor Ehrfurcht, wenn sie uns von diesem teamorientierten Wirken ihrer Helden berichten: Bill Gates, Uli Höneß, Josef Ackermann, und wie sie alle heißen. Wir kennen die Wahrheit nicht, Papier ist geduldig.

Wir ahnen aber schon, was man dereinst in einer Biografie über die Teamfähigkeit von Horst Seehofer *nicht* schreiben wird: Dass er z. B. über einen engen Mitarbeiter erzählte, dieser sei vom Ehrgeiz zerfressen und leide an charakterlichen Schwächen. Und über einen anderen, er sei ein Glühwürmchen und arbeite gegen ihn. Mich erinnert das an Mawa: »übertriebenes Dominanzgehabe in Verbindung mit fehlendem Durchblick«. Dabei wäre es im Grunde einfach, so wie es uns Bwambale vorgemacht hat: Orientierung am gemeinsamen Ziel. Abgestimmte Entscheidungen. Koordiniertes Handeln. Und wenn dann noch die formale, sachorientierte Beziehung durch persönliche Wertschätzung und gegenseitige Unterstützung aufgewertet wird, steht dem Erfolg nichts mehr im Weg: Dann sind es bessere Menschen und bilden wirklich ein Team.

Creechs Dilemma

Mein Chef ist ein Typ, der sich mit Grautönen schwertut. Für ihn hat fast jede Medaille zunächst nur eine Seite. Unlängst gab es wieder so einen Fall. Von unserer Geschäftsführung wurde ein Konzept zur Weiterentwicklung unseres besten Produktes vorgestellt. »Was halten Sie davon?«, fragte mich mein Chef. Im Grunde hielt ich nicht sehr viel davon: Eine Menge neue Funktionen, die niemand wirklich brauchte; unnötig komplizierte Bedienung; zu teuer. Ich sah die Verkaufszahlen schon im Sinkflug. »Nun«, sagte ich, »im Grunde keine schlechte Idee, aber…«. Mein Chef unterbrach mich sofort. »Schwarz oder weiß, entweder sie finden das Konzept gut oder nicht, also?« So ist er halt, mein Chef, und damit steht er nicht allein.

Vielleicht kennen Sie die Erzählung »Die Schmähschrift«[7]. In dieser Erzählung

---

[7] »Die Schmähschrift oder Königin gegen Defoe« von Stefan Heym

steht der Held, ein gewisser Mister Creech, vor einem ähnlichen Dilemma wie ich.

Herr Creech erhielt von seinem Vorgesetzten ein hochpolitisches Schriftstück mit der Aufforderung, seine Meinung dazu zu äußern. Der so Aufgeforderte studierte das Werk und beschrieb dann zunächst mit überzeugenden Worten die seiner Meinung nach positiven Ideen und Gedanken des Autors. Als er aber eine gewisse Skepsis bei seinem Chef zu erkennen glaubte, erwähnte er mit annähernd gleicher Überzeugungskraft die Schwachpunkte und Fehler, die er entdeckt hatte, und die Probleme, die dadurch für gewisse politische Kreise drohten. Doch sein Chef bestand auf einer eindeutigen Position pro oder kontra. Es gebe nur schwarz oder weiß, sagte er. »Und zu welcher Ansicht neigen Sie, Herr Creech?« kam seine Frage, die Herrn Creech keinen Ausweg ließ.

Herr Creech antwortete: »Es ist eine missliche Sache, ohne vorherige Kenntnis der Meinung seines Vorgesetzten ein Urteil fällen zu müssen.«

Viele Mitarbeiter denken so, auch wenn es kaum einer ausspricht, wie der törichte Herr Creech.

Warum denken sie so? Wahrscheinlich, weil ihre Chefs sich nicht mit abweichenden

Meinungen auseinandersetzen, geschweige denn, dass sie derartige Ungeheuerlichkeiten zulassen. Wer Angst hat, er könne mit seiner Meinung im Widerspruch zu der seines Vorgesetzten stehen, der schweigt meistens, weil es ihm so ergehen könnte, wie Herrn Creech: Der hatte zwar Angst, aber er schwieg nicht. Und als das Projekt seines Vorgesetzten scheitert, schob der ihm die Schuld in die Schuhe und entließ ihn.

An dieser Stelle möchte ich aber eine Lanze für meinen Chef brechen. Wie gesagt, er tut sich mit Grautönen schwer, aber man kann doch mit ihm reden, und er hört zu. Ich habe Vertrauen zu ihm.

Ich will ihnen kurz erläutern, warum: Zugegeben, als ich zum neuen Produktkonzept »ja aber« sagte, wollte er mich zunächst festnageln. Als er aber mein Unbehagen bemerkte, da hörte er mir zu und fragte, was ich im Detail positiv und was negativ sehe. Er ließ mich meine Meinung ausführlich begründen. Am Ende sagte er jedoch: »Die Entscheidung für das Produktkonzept ist gefallen, damit müssen Sie leben. Ich sehe die von ihnen genannten Probleme nicht als so gravierend oder kritisch an, aber Sie können im Verlauf des Projektes möglicherweise noch das eine oder andere in ihrem Sinn beeinflussen, das kann ich zur Zeit im Detail nicht beurteilen. Aber selbst wenn da nichts mehr geht, erwarte ich, dass Sie sich mit aller Energie für das neue Produkt einsetzen. Kann ich mich da auf Sie verlassen? Ich brauche Sie dafür.«

Ja, er kann. Ich habe Vertrauen zu ihm, und er vertraut mir.

Perfektion.

Ich bin der fast perfekte Mitarbeiter, ich bin Garant für den Erfolg. Zum Beispiel kann ich mich für alle gestellten Aufgaben selbst motivieren. Auch anspruchsvolle Ziele definieren und erreichen ist für mich überhaupt keine Schwierigkeit. Ich merke rechtzeitig, wenn in Projekten Schwierigkeiten auftauchen, und finde selbstständig optimale Lösungen. Wenn die Kollegen lustlos agieren, mache ich ihnen klar, dass sie mehr Engagement zeigen sollen, und sollte es Konflikte geben, sorge ich für den sinnvollen und fairen Interessenausgleich aller Beteiligten. Zusammengefasst: Ich mache fast alles gut und richtig, nur eines mache ich nicht, ich bezahle mich nicht selbst. Das ist im Grund eine einfache Sache, und für das Einfache, da habe ich den Chef und die hinter ihm stehende Organisation.

Früher, da war das noch anders. Mein Chef hielt nichts von mir. Herausfordernde Aufgaben wollte er mir nicht geben. In der Folge tat ich nur, was er explizit anordnete, und das nur nachlässig, oberflächlich und ohne den Ehrgeiz, gute Arbeit abzuliefern. Wenn ich keine Lust hatte, konnte mein Chef sich auf den Kopf stellen, es nützte nichts. Den Kollegen helfen, sie unterstützen? – Fehlanzeige. Irgendwann hatte der Chef resigniert und tat mir nichts mehr.

Vielleicht fragen Sie sich, wie meine wundersame Veränderung zum fast perfekten Mitarbeiter zu Stande kam? Nun, ganz genau kann ich es Ihnen auch nicht sagen, aber mein Chef hat da sicher auch seinen Anteil daran. Irgendwann, wahrscheinlich durch eine höhere Fügung, hat er nämlich entdeckt, wie gute Führung geht.

Es begann damit, dass er mich immer öfter nach meiner Meinung fragte, und dann meinen zunächst nur zögerlichen Antworten zuhörte und nicht alles gleich wieder als Unsinn verdammte und verwarf. Das eine oder andere Mal – nicht zu oft, aber immerhin gelegentlich! - ließ er sich sogar von mir überzeugen. Und dann kam er auch mal und fand anerkennende Worte.

Wenn mein Stresslevel stieg, weil etwas nicht gleich klappte, dann wirkte er beruhigend auf mich ein und zeigte Optimismus, dass ich das noch hinkriege. Gleichzeitig achtete er darauf, dass ich mich nicht übernahm und mir nicht mehr zumutete, als ich leisten konnte. Mit der Zeit wurde ich aber immer leistungsfähiger, und er traute mir auch immer mehr zu. Bei Konflikten mit Partnern fragte er auch mich gelegentlich um Rat. Mit einem Satz: Er hatte begonnen, mich ernst zu nehmen und Wertschätzung zu zeigen. Seither macht es eigentlich Spaß, mit ihm zusammenzuarbeiten.

Erlkönig.

Termine, Termine, Termine - mein Chef hat noch nie besondere Rücksicht auf mich und die Kollegen genommen, wenn es um Termine geht. Gut, in der Vergangenheit gab es manchmal auch Aufgaben, die man locker in der zur Verfügung stehenden Zeit erledigen konnte, aber das Glück haben wir nur noch extrem selten. Heute heißt die Devise »Tempo, Tempo«, das Projekt sollte möglichst schon gestern fertig gestellt sein. Und da sitze ich nun heute Abend noch nach acht im Büro an meinem Schreibtisch, um wie immer das Unmögliche möglich zu machen und den Termin noch zu halten.

Doch meine Gedanken schweifen ab. Voller Sehnsucht und Wehmut denke ich an mein gemütliches zuhause, an ein angenehmes Gespräch im Kreis der Familie. Ich könnte zum Beispiel meinem Sohn helfen, denn ich habe versprochen, ihn bei einem Referat über den »Erlkönig« zu unterstützen. Wie war das gleich noch mal? »Wer reitet so spät durch Nacht und Wind?« Sofort geht meine Fantasie mit mir durch, und ich dichte um:

»Wer sitzt so spät noch im Büro, und arbeitet hart an seinem Pro-...«. Nein, das geht jetzt nicht, ich muss mich auf mein Projekt konzentrieren, sonst wird das nie fertig. Doch nach einem Zehn-Stunden-Tag ist Konzentration gar nicht so einfach.

Als der Chef vor einiger Zeit das Projektziel mit mir durchgesprochen hat und wir dann zur leidigen Terminfrage kamen, hat er da nicht so etwas gesagt wie »Mein Sohn, was birgst du so bang dein Gesicht«? So ähnlich klang das wohl, aber es war wohl eher »Mensch, machen Sie nicht so ein verärgertes Gesicht«. Meine leider nicht gestellte Frage darauf: »Chef, kennen Sie meine Auslastung nicht?« Auch das passt zum Erlkönig.

Konzentration! Zurück zum Projekt! Schließlich ist mein Chef kein Unmensch, er hat gesagt, dass ich bei der nächsten Gehaltsrunde mit einem Plus beim Gehalt rechnen könne, wenn das Projekt zum Termin erfolgreich abgeschlossen würde. Das müsste doch zu schaffen sein. Doch ich denke schon wieder an den Erlkönig, warum nur? »Mein Vater, mein Vater, und hörst Du nicht, was Erlenkönig mir leise verspricht«? Ist das etwa das Problem, die Versprechung? Wie geht es im Erlkönig gleich weiter? »Sei ruhig, bleib ruhig, mein Kind, in dürren Blättern säuselt der Wind«. Ja, das ist es: Waren die Versprechungen meines Chefs nicht schon oft ein nur leichtes Säuseln? Ausreden habe ich schon genügend gehört »… leider, die wirtschaftliche Lage, der nachlassende Auftragseingang, und Ihr anderes Projekt vor zwei Monaten, da hatten Sie leider das Budget überzogen, bitte haben Sie Verständnis …«. Verständnis? Nein, das habe ich nicht. Wenn die in Aussicht gestellte Belohnung wirklich ernst gemeint ist, dann muss sie auch kommen, wenn die Bedingungen erfüllt sind.

Vielleicht sollte ich überhaupt die Aussage zurückziehen, dass mein Chef kein Unmensch sei. Hat er nicht auch gesagt: »Und bist Du nicht willig, so brauch' ich Gewalt«? Nein, nicht wörtlich, aber sinngemäß. Wörtlich klang das so: »Ihnen ist hoffentlich bewusst, dass dieses Projekt ein wichtiger Meilenstein in ihrer Karriere ist. Wenn das schief geht, haben Sie ein ernsthaftes Problem damit.« Jetzt wird mir erst bewusst, was mein Chef da mit mir macht. Zuckerbrot und Peitsche! Warum macht der Druck? Der kennt doch die Situation! Ist das ein guter Führungsstil? So eine Unverschämtheit. Jetzt soll ich mich noch auf das Projekt konzentrieren? Wie geht es beim Erlkönig aus? »… , erreicht den Hof mit Mühe und Not; in seinen Armen das Kind war tot.« Das Ende für mich: Auch wenn ich mit Mühe und Not noch den Termin halten kann, meine Motivation ist erst mal tot.

Nachwort

Bitte verstehen Sie mich nicht falsch: Es ist nicht meine Absicht, Sie davon abzuhalten, Bücher über Mitarbeiterführung zu lesen. Ich möchte nur deutlich machen, dass Sie sich nicht der Illusion hingeben sollten, Sie würden etwas grundlegend Neues erfahren. Ich will Ihnen sogar ein Buch empfehlen, das mir besonders gut gefällt:

- Thomas Fritzsche:
  Wer hat den Ball?: Mitarbeiter einfach führen
  Verlag Herder, 2016

In Form einer unterhaltsamen Geschichte erzählt Fritsche, wie eine Führungskraft lernt, ihre Mitarbeiter zu aktivieren. Die in diesem Buch vermittelten Verhaltensweisen sind auch nicht grundsätzlich neu, aber so unterhalsam und dabei unterschwellig lehrreich in die Story eingebunden, dass man lernt, ohne dass es einem bewusst wird.

Wenn ihnen diese Art der Wissensvermittlung gefällt, habe ich auch noch eine Empfehlung in eigener Sache:

- Gerhard Etzel und
  Hans U. von Münche:
  Wie die Freude am Fahren verloren ging.
  Lügenmärchen und »wahre« Fakten über Motivation.
  BoD, 2012

In der ersten Hälfte des Buches versuchen ich und mein alter Ego Hans U. von Münche, mein Verständnis von Motivation in Form moderner Märchen zu vermitteln. In der zweiten Hälfte bin ich der Versuchung erlegen, das alles »wissenschaftlich« zu belegen. Heute weiß ich, dass diese Verwissenschaftlichung ein Irrweg ist. Meine Empfehlung, falls Sie das Buch lesen: Überblättern Sie diese Seiten.

Und noch eine Eigenwerbung für ein Märchenbuch:

- Gerhard Etzel und Anne Franke
  Zeit! Zeit!
  BoD 2010

In einem Science-Fiction-Märchen wird geschildert, wie ein gestresster Manager zur Erkenntnis gelangt, dass Zeitmanagement in Wirklichkeit Selbstmanagement ist.

Das Buch ist wurde von Anne Franke wunderbar künstlerisch gestaltet und ist nur noch von ihr direkt zu beziehen.

Informationen dazu finden Sie auf www.gerhard-etzel-training.de. Bei Kauf von Zeit! Zeit! erhalten Sie auch kostenlos die Hörspielversion der Erstausgabe als mp3-Download.